Aytül Akal

Das gefräßige Buchmonster
Aç Gözlü Kitap Canavarı

Fariba Gholizadeh (Illustrationen) Reinhard Fischer (Übersetzung)

Edition Orient

Bazı canavarlar aramızda yaşar.
Çocukların saçlarını çeker, kalemlerini kırar,
kitaplarını yırtarlar.
Bu canavarlar, kalem ve kitaplarla neler yapılabilir, bilmiyor mu?
Onlara çocukken hiç masal okunmamış mı yoksa?

Bir varmış bir yokmuş. Ülkenin birinde, kötülükleriyle dört bir yana korku salmış, şımarık ve bencil bir canavar yaşarmış.
Bu canavar, çocukların kitaplarını çok sever, onları yırtıp yırtıp afiyetle yermiş.
Çocukların saçlarını çeker, kurdelelerini çözer, çantalarının askılarını koparırmış. Defterlerini yırtar, kalemlerin uçlarını kırarmış. Silgileri de küçük küçük koparıp kullanılmaz hale getirirmiş.
Bu yüzden o ülkedeki çocuklar kitap okuyamaz, ders çalışamazlarmış.

Einige Monster leben unter uns. Sie ziehen Kindern an den Haaren, zerbrechen deren Stifte und zerreißen ihre Bücher. Wissen diese fürchterlichen, schrecklichen Monster nichts Besseres mit Stiften und Büchern anzufangen? Oder hat man ihnen, als sie Kinder waren, etwa nie Märchen vorgelesen?

Es war einmal ein freches, selbstsüchtiges Monster, das mit seiner Bösartigkeit im ganzen Land Angst und Schrecken verbreitete.
Dieses Monster mochte Kinderbücher; es riss sie in Stücke und verspeiste sie mit großem Appetit. Es zog Kindern an den Haaren, löste deren Haarbänder und riss die Riemen ihrer Schultaschen ab. Es zerriss ihre Hefte und brach die Spitzen ihrer Stifte ab. Radiergummis zerlegte es in kleine Stücke und machte sie so unbrauchbar. Deshalb konnten die Kinder in diesem Land keine Bücher lesen und keine Hausaufgaben machen.

Yalnız bu kadar mı?
Ne gezer!
Canavar, çocuklara doğum günlerinde hediye gelen kitapları da yermiş. Yeterince kitap kalmayınca hediye oyuncakları alıp ortadan kaybolurmuş.
Bu yüzden ülkede, çocukların doğum günleri de kutlanamaz olmuş.

War das alles ? Weit gefehlt!
Das Monster fraß auch die Bücher, die die Kinder zum Geburtstag geschenkt bekamen. Und wenn es da nicht genügend Bücher gab, dann schnappte es sich die anderen Geschenke und verschwand mit allen Spielsachen.
Deshalb konnten in dem Land auch keine Kindergeburtstage mehr gefeiert werden.

Büyüklerin birçoğu çocuklara inanmayıp,
olanlar yüzünden onları suçluyormuş:

– “Nee, canavar kitabını mı yırttı?”
– “Daha neler! Hem canavar neden kitap yesin?”
– “Canavar mı? Hangi canavar? Hani nerede?”
– “Canavar mı aldı dedin? Hiç bu kadar komik bir açıklama duymamıştım.”
– “Şu çocukların hayal gücü de ne kadar geniş!”
– “Hep canavar, canavar! Bu sözü duymaktan bıktım artık.”

Die Erwachsenen glaubten den Kindern nicht und gaben ihnen die Schuld an dem, was geschah:

– „Was? Ein Monster hat dein Buch zerfetzt?“
– „Sonst noch was? Warum sollte ein Monster Bücher essen?“
– „Ein Monster? Welches Monster? Wo ist es denn?“
– „Hast du gesagt, ein Monster hat die Bücher genommen? So eine blöde Ausrede habe ich noch nie gehört.“
– „Diese Kinder haben ja eine lebhafte Fantasie!“
– „Monster, immer wieder Monster! Ich bin es leid, ständig dieses Wort zu hören.“

Pausenlos produzierten die Verlage in diesem Land Bücher, aber bevor die Kinder sie lesen konnten, stopfte das Monster sie in sein Maul und verspeiste sie genüsslich. So kam es, dass die Kinder, die in diesem Land lebten, sehr unglücklich wurden.

Ülkedeki yayınevleri de durmadan kitap üretiyormuş ama, daha çocuklar kitapları okuyamadan canavar onları kapıp kaçıyor, sonra da afiyetle yiyormuş. İşte böyle … Bu ülkede yaşayan çocuklar çok mutsuzmuş.

DRUCKEREI

Kitapçılar ardı ardına kapandığı için canavar daha da mutsuzmuş, çünkü yemek için kitap bulması giderek zorlaşıyomuş. Birkaç kez önemli iş toplantıları için hazırlanan raporları yemeyi denemiş. Zor durumda kalınca gazetelerin, ansiklopedilerin tadına bakmış. Ama ı-ıh, hiçbiri çocuk kitapları kadar lezzetli değilmiş! O, en çok çocuk kitaplarının tadını seviyormuş. Ne yazık ki, artık kitaplarını yırtabileceği, oyuncaklarını alabileceği bir çocuk çıkmıyormuş karşısına.

Aber noch viel unglücklicher wurde das Monster, weil die Buchläden nach und nach zumachten und es immer schwieriger wurde, ein Buch zum Essen zu finden. Ein paar Mal probierte das Monster Akten, die für wichtige Geschäftstermine vorbereitet worden waren. In seiner Not kostete es auch Zeitungen und einmal auch ein Lexikon. Aber igitt! Es schmeckte eben nichts so lecker wie Kinderbücher.

Irgendwann fand das Monster auch kein Kind mehr, dessen Bücher es hätte zerfetzen können.

Aç kalan canavar daha da acımasız bir canavar olmuş. Artık küçük büyük demiyor, beklenmedik bir anda ortaya çıkıp herkesi korkutuyormuş. Evlerin camlarını kırıyor, arabaların üzerine çıkıp eziyormuş. Alışverişten dönen büyüklerin ellerindeki çantaları, paketleri alıp kaçıyormuş.

Sonunda, büyükler de bu korkunç canavarın gerçek olduğunu öğrenmiş ve neden böyle davrandığını çok merak etmişler. Bunu anlamak için de, onu bir psikoloğa götürmeye karar vermişler.

Vor Hunger wurde das Monster noch bösartiger.
Zu jeder Tages- und Nachtzeit tauchte es unerwartet auf und erschreckte alle, egal ob groß oder klein. Es schlug die Fenster der Häuser ein, trampelte auf Autos herum und trat sie platt.
Den Erwachsenen, die vom Einkaufen nach Hause kamen, riss es die Taschen und Pakete aus den Händen und verschwand.
Schließlich begriffen auch die Erwachsenen, dass es das fürchterliche Monster tatsächlich gab. Um herauszufinden, warum es sich so verhielt, beschlossen sie, es einem Psychologen vorzustellen.

Kocaman canavarı psikoloğa götürmek kolay mı?
Ama bir çözüm bulmuşlar. Psikoloğun muayenehanesine kadar olan yola renkli renkli çocuk kitapları dizince, çok da zor olmamış!
Canavar kitapları birer birer yerken, farkına bile varmadan kendisini psikoloğun koltuğunda buluvermiş!

Aber wie schafft man es, ein so riesiges und bösartiges Monster zu einem Psychologen zu schicken? Bald hatten sie eine zündende und einfache Idee: Man müsste nur den Weg zur Praxis des Psychologen mit einer Spur von bunten Kinderbüchern auslegen! Gesagt – getan. Und wirklich, das Monster fraß die Bücher der Reihe nach auf und fand sich, ohne es zu merken, auf der Couch des Psychologen wieder!

„Hmmm … Offensichtlich magst du Kinderbücher sehr gerne“, sagte der Psychologe.
Das Monster kaute noch auf den letzten Buchfetzen herum und erwiderte brummig:
„Wer mag schon keine Kinderbücher!“
„Stimmt, aber soweit ich sehe, isst du sie auf“, meinte der Psychologe.
„Was soll ich denn sonst mit ihnen machen?“, fragte das Monster erstaunt und schluckte den letzten Bissen hinunter.
„Versuch doch einmal, sie zu lesen!“
„Lesen? Was ist das denn? Ist das eine andere Art zu kochen?“
Der Psychologe nahm ein Bilderbuch aus dem Regal und begann mit lauter Stimme zu lesen. Er las und las und las und las …
Die Menschenmenge, die draußen besorgt wartete, platzte beinahe vor Ungeduld.
– „Was machen die da drinnen?“, fragten sie einander.
– „Das Monster hat aufgehört zu brummen!“
– „Hat es den Psychologen etwa aufgefressen?“
– „Nein, hör doch, ihre Stimmen kommen näher …“

“Hmmm... Anlaşılan çocuk kitaplarını çok seviyorsun,” demiş psikolog.
O sırada son kitap parçalarını çiğnemekte olan canavar, homurdanarak:
“Çocuk kitaplarını kim sevmez!” diye yanıtlamış.
“Evet ama, gördüğüm kadarıyla sen onları yiyorsun,” demiş psikolog.
“Ya ne yapacaktım?” diye hayretle sormuş canavar ve kitabın son yaprağını da yutmuş.
“Okumayı denesene!”
“Okumak mı? O da ne? Değişik bir pişirme şekli mi?”
Psikolog raftan resimli bir çocuk kitabı almış ve yüksek sesle okumaya başlamış.
Okumuş … okumuş … okumuş … okumuş …
Dışarda merakla bekleyen kalabalık iyice sabırsızlanmış.
– “Bunlar içerde ne yapıyorlar?” diye sormuşlar birbirlerine.
– “Canavarın homurtusu da kesildi!”
– “Psikoloğu yemiş olmasın sakın?”
– “Hayır, dinlesene, sesleri geliyor …”

T-U-Z
K-L-M
I-J
G-H
E-F
C-D
A-B

Kapı açılıp psikologla canavar dışarıya çıktığında, herkes susmuş.
Psikolog, merakla bekleşen kalabalığa:
"Canavarın annesi ve babası, küçükken ona hiç masal okumamış," demiş.
"Bu yüzden kitapların okunmak için olduğunu bilmiyormuş. Bundan böyle ona masal okuyarak, uslu bir canavar olmasını sağlayabilirsiniz."
O günden sonra ülke halkı, canavara her gün kitap okumaya başlamış. Başlamış ama, canavar kendisine sürekli kitap okunsun istiyormuş. Kitap biter bitmez, eskisinden de korkunç, eskisiden de kötü bir canavara dönüşüyormuş. Bu yüzden, ülke halkı, canavarın önünde uzun bir kuyruk oluşturmuş. Birisi bir kitabı sonuna kadar okuduğunda, sıradaki hemen başka bir kitabı okumaya başlıyormuş. Bu böyle sabahtan akşama, akşamdan sabaha sürüp gitmiş.

Als die Tür aufging und der Psychologe mit dem Monster herauskam, verstummten alle.
Der Psychologe sagte zu der Menge, die mit Spannung wartete:
„Die Eltern des Monsters haben ihm, als es klein war, nie Märchen vorgelesen. Deshalb wusste es auch nicht, dass Bücher zum Lesen da sind. Indem ihr ihm von nun an Märchen vorlest, könnt ihr dafür sorgen, dass es ein verträgliches und braves Monster werden wird."
Von da an lasen die Leute dem Monster jeden Tag ein Buch vor. Das Monster aber wollte, dass man ihm ununterbrochen vorlas. Sobald ein Buch zu Ende war, verwandelte es sich wieder in das furchterregende, böse Monster von früher. Deshalb bildeten die Leute vor dem Monster eine lange Schlange. Wenn jemand ein Buch zu Ende gelesen hatte, fing sofort der Nächste mit einem anderen an. So ging es von morgens bis abends und von abends bis morgens.

Kuyrukta beklemekten bıkanlar, sonunda yine psikoloğa danışmış.

"Bizler işe gitmek zorundayız. Çocuklar da okula. Canavara hiç durmadan kitap okuyacak birini bulmalıyız ama, kimi?"

"Bu konu benim alanımın dışında," demiş psikolog. "Bence bunu bir öğretmene sorun."

Koşup öğretmene gitmişler. Öğretmen onları dinlemiş.

"Canavar okumayı öğrenirse, canı istediği kadar kitap okuyabilir. Sizin ona okumanıza gerek kalmaz," demiş. "Onu bana getirin. Ne yapabileceğime bir bakayım."

Schließlich wandten sich die Leute, die das Schlangestehen leid waren, erneut an den Psychologen. „Wir müssen zur Arbeit und die Kinder in die Schule. Wir brauchen jemanden, der dem Monster ohne Unterbrechung Bücher vorliest, aber wen?“
„Das Thema fällt nicht in meinen Bereich“, meinte der Psychologe. „Meiner Meinung nach solltet ihr mal die Lehrerin fragen“.

Also wandten sie sich an die Lehrerin. Die hörte ihnen aufmerksam zu.

„Wenn das Monster lesen lernte, könnte es selbst so viele Bücher lesen, wie es will. Ihr bräuchtet ihm dann nicht mehr vorzulesen“, schlug sie vor. „Bringt es zu mir und ich werde sehen, was sich machen lässt.“

Kitap canavar okuma ve yazmayı pek çabuk öğrenmiş. O günden sonra da öyle çok kitap okumuş ki, yalnız okumakla kalmamış, çocuk kitapları bile yazmış.

Bu okuduğunuz kitabı, şu bizim canavar yazmış olmasın sakın! Ne dersiniz?

Und siehe da, das Buchmonster war ein sehr gelehriger Schüler. Es lernte sehr schnell Lesen und Schreiben. Von diesem Tag an las es viele Bücher und fing sogar an, selbst Kinderbücher zu schreiben.

Ob dieses Buch wohl auch von unserem Monster geschrieben wurde? Was meint ihr?

Das gefräßige Buchmonster
Aytül Akal (Text) / Fariba Gholizadeh (Illustrationen) / Reinhard Fischer (Übersetzung aus dem Türkischen)

Druck: Offizin Andersen Nexö Leipzig
ISBN 978-3-922825-74-6